...NAGE D'ARS,

ET

NOTICE

sur

LA VIE

DE J.-M.-B. VIANAY,

Curé d'Ars.

LYON,

... MOTHON, LIBRAIRE-ÉDITEUR,

... Grande rue Mercière, 55.

1845.

J. M. B. VIANAY,
Curé d'Ars.

PÈLERINAGE D'ARS,

ET

NOTICE

sur

LA VIE
DE J.-M.-B. VIANAY,

Curé d'Ars.

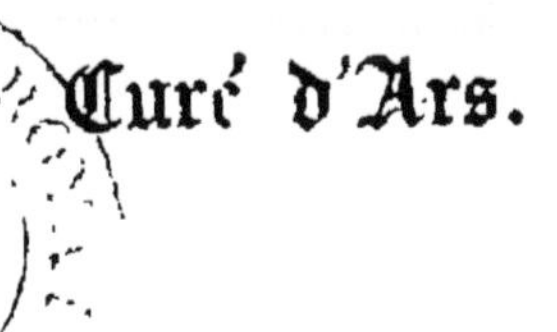

LYON,

A. MOTHON, LIBRAIRE-ÉDITEUR,

Grande rue Mercière, 55.

1845.

Propriété

PÈLERINAGE D'ARS.

Je vais essayer de dire le Pèlerinage d'Ars; ce que j'ai vu, ce que j'ai éprouvé moi-même. Je raconterai simplement, trop simplement peut-être. Je n'ai pas l'habitude d'écrire; c'est par un sentiment de reconnaissance que j'ai désiré consacrer ce souvenir. J'ai pensé qu'il ne serait pas non plus sans intérêt pour ceux à qui viendrait la pieuse inspiration de faire ce pèlerinage. Oh! puissent-ils éprouver eux-mêmes combien Dieu est bon à l'âme gémissante et désolée, et quels sont les trésors de miséricordieuse tendresse dont surabonde le cœur d'un saint prêtre de Jésus-Christ.

L'ITINÉRAIRE.

Ars est un village délicieux, à six lieues de Lyon, dans l'ancienne principauté des Dombes. Par une belle matinée de mai, nous prîmes le bateau à vapeur (1); en quelques heures nous étions à Tiévoux, petite ville en amphithéâtre sur les bords de la Saône et de l'aspect des vieux temps du Moyen-Age où elle fut fondée.

(1) On trouve, à Lyon, des omnibus partant pour Ars tous les jours (le dimanche excepté) rue du Pérat, 10, et quai d'Orléans.

Le reste du chemin, nous le fîmes à pied : une heure jusqu'à Sainte-Euphémie, trois quarts d'heure jusqu'à Mézerieu. De là, après avoir gravi la riante colline du château de Cibens, sur le coteau opposé nous apparut, à travers le feuillage, le village désiré ; son clocher de briques rouges, ses maisons blanches et, au pied du coteau, la rivière à flots purs, se perdant et reparaissant au milieu des vertes prairies.

Or, il y a environ trente ans que le vénérable pasteur passait là pour aller prendre possession de sa paroisse. A la vue de cette terre où Dieu l'attendait, il se mit à genoux, croisa les mains sur sa poitrine et, les yeux levés vers le ciel, il pria longtemps, et puis après avoir prié, il se prosterna le visage contre cette terre qu'il venait fertiliser de ses sueurs et de son sang, s'offrant en union avec Jésus-Christ, souverain pasteur des âmes, comme une victime de sacrifice et d'immolation pour celles qui lui étaient désormais plus spécialement confiées.

L'ÉGLISE.

Lorsque du sommet des montagnes et des ollines vous promenez vos regards sur l'immensité des campagnes, n'aimez-vous pas à les arrêter sur ces dômes, sur ces flèches élancées qui dominent de toutes parts les habitations éparses? Sans cela les plus riches paysages seraient monotones, bien tristes; mais quand la foi nous avertit que là se trouve la demeure du Dieu qui fait ses délices d'être avec les enfants des hommes, la tente où ce bon pasteur se plaît à abriter les brebis du bercail; oh! alors quels sentiments de bonheur, de reconnaissance et d'amour!

L'Église d'Ars est simple et majestueuse dans cette simplicité. Sur le sommet du frontispice apparaît l'image de Marie, Reine du ciel, elle semble bénir et protéger cette contrée, et, mère de miséricorde, inviter à venir au pied du saint autel, trône de grâce, où se fait toujours entendre au cœur la divine et bienfaisante parole : « Venez à moi, vous tous qui êtes accablés de travail et qui êtes chargés, et je vous soulagerai. »

Les deux statues que vous voyez à l'entrée du chœur sont l'une de saint Blaise, évêque et martyr de Sébaste en Arménie (1), l'autre de saint Sixte, pape et martyr, patron du village (2).

(1) Les reliques de saint Blaise furent apportées en Occident durant les Croisades, son culte y devint célèbre et plusieurs guérisons miraculeuses furent opérées par son intercession.

(2) Ce n'est pas saint Sixte Ier, lequel est nommé au canon de la messe, mais saint Sixte II, dont une

L'autel est en bois peint, mais le tabernacle est doré, et dans l'étroit sanctuaire, aux jours des grandes solennités, la piété a trouvé moyen de déployer de resplendissantes parures.

La chapelle de la sainte Vierge, comme elle est ornée avec un soin tout spécial! nous l'avons vue dans le mois qui lui est consacré; son autel était couvert de fleurs, de fraîches guirlandes de verdure montaient, descendaient, s'entrelaçaient avec grâce, et les mains pieuses qui avaient préparé ces champêtres décorations n'avaient eu garde d'oublier l'invitation gracieuse de saint Bernard : « Dans la couronne que vous tressez à Marie, mêlez des lys, des roses et des violettes : le lys est le symbole de sa pureté, les violettes le symbole de son humilité, les roses celui de sa charité. » Et devant l'image

partie des reliques furent déposées dans l'Eglise de Saint-Michel en Lorraine, par le cardinal de Retz, auquel le pape Clément X en avait fait présent.

de la Reine des cieux deux anges qui lui présentent un cœur, et autour de ce cœur ce témoignage solennel d'une filiale tendresse :

« Jean-Marie-Baptiste Vianay et tous ses paroissiens, se sont consacrés à Marie conçue sans péché. »

En présence de la chapelle de saint Jean-Baptiste où est le confessionnal, laissez-moi vous dire une pensée qui m'est venue bien des fois avec un sentiment de reconnaissance : Le saint précurseur, glorieux patron du bon curé, annonçait le Messie et préparait les hommes à sa venue. Et le bon curé, lui, que fait-il autre chose que d'annoncer Jésus-Christ et préparer son règne dans les cœurs ?

Plus loin, voyez-vous cette troupe de pèlerins à genoux? comme leur prière est vive et confiante ! Des hommes qui ont tenu l'épée, la lance et le sceptre, n'ont pu parvenir à établir leur mémoire durable ; et voilà qu'au bout de plus de quinze siècles, les peuples se pressent aux autels de sainte Philomène, vierge et martyr, parce qu'ils ont reconnu qu'elle attire les bénédictions d'en-haut, et qu'elle les fait descendre comme une céleste rosée.

Voici la chapelle des saintes tristesses, mais aussi des immortelles consolations du chrétien. Oh! quand nous souffrons, ne nous plaignons plus amèrement, venons mettre nos douleurs aux pieds des douleurs divines de Jésus flagellé au palais du prétoire du Christ au tombeau, et de Notre-Dame-des-Douleurs.

Cette dernière chapelle est celle de saint Michel et des Anges gardiens du diocèse et du village d'Ars.

LE TRÉSOR.

L'église de cet heureux et bien-aimé village a son trésor comme une grande et riche cathédrale. Nous l'avons indiqué dans la visite du sanctuaire, mais il mérite une attention plus spéciale :

C'est une chappe d'or d'un travail exquis, un dais aux larges pentes en velours rouge, brodées d'or, avec de gros panaches ondoyants, des bannières festonnées, garnies de franges d'or, un superbe calice enrichi de diamants, et, pour les jours de solennelles bénédictions, un ostensoir tout resplendissant de pierreries.

Or, de bonnes pensées visitent le cœur à la vue de ces magnificences. Ces richesses sont des dons offerts par M. le marquis d'Ars ; radieux souvenirs et double monument du zèle du bon curé et de la pieuse reconnaissance du seigneur (1).

(1) M. d'Ars aimait à dire que s'il avait le bonheur d'aller au ciel, c'est à son cher curé qu'il en serait redevable.

UNE PREMIÈRE VISITE AU PRESBYTÈRE.

Le lendemain, je m'acheminai au presbytère bâti *auprès de la demeure des morts dont il surveille la cendre*. J'entrai dans une cour assez grande, je montai les degrés du petit escalier à droite, je frappai, j'appelai, personne ne répondit. Poussé par une curiosité qui me sembla trouver son excuse dans le sentiment d'une religieuse vénération; j'osai faire quelques pas dans la demeure du saint. Mais quel dénûment, grand Dieu! quel pauvre réduit à peine abrité contre les injures de l'air!

Dans un coin, en face de la cheminée délabrée, la bibliothèque, un lit, espèce de tombeau entouré de quatre colonnes soutenant à l'entour une vieille toile à dessins gothiques; un buffet séculaire tout vermoulu, et sur ce buffet un morceau de pain et de l'eau, deux ou trois chaises, et pour tout ornement, un crucifix d'ivoire et quelques images, pieux souvenirs du ciel!

MA VISITE AU CURÉ.

L'horloge avait sonné midi, la cloche avait tinté l'*angelus*, c'est l'heure où le bon curé s'achemine à sa demeure pour y prendre son repas. Je le vis sortir de l'église : je ne tardai pas à le suivre.

La porte était fermée cette fois ; il vint m'ouvrir, il m'accueillit avec une expression céleste de bienveillance et de cordialité, me fit asseoir, s'assit lui-même, et après quelques paroles qui préparaient mon cœur à une confiante expansion, il me demanda si je désirais de lui quelque chose.

J'étais ému; je lui déclarai franchement le but de mon pèlerinage, je lui parlais avec une affection toute filiale, et parmi les autres choses qu'il me dit, je me rappelle ces paroles qui portèrent tant de bien à mon pauvre cœur affligé :

« Mon ami, vos maux finiront dans peu;
« consacrez-vous à Marie, priez-la bien, cette
« bonne mère, honorez-la surtout dans son
« immaculée conception. J'unirai mes priè-
« res aux vôtres; demain, à la messe, je
« penserai à vous, je vous recommanderai à
« Dieu. »

En me parlant ainsi, son regard était si doux, le son de sa voix avait quelque chose de si tendre, de si onctueux, de si pénétrant; son air tant de dignité! A la vue de ses cheveux blancs, des rides de ce front creusées moins par les années que par les travaux et les mortifications, de la pauvreté de son vêtement, de cette évangélique simplicité, de ce sourire où se mêlait la sérénité du ciel et l'empreinte de la souffrance, je crus être en ace d'un autre Paul dans son désert, ou parer à un saint des anciens jours.

Après quelques instants encore ; il tira du vieux meuble un grand reliquaire en argent que lui a envoyé de Rome un illustre cardinal. En me le montrant, il devenait joyeux de m'indiquer ces différentes reliques, de m'expliquer quelques traits particuliers de la vie de ces hommes qui ont si noblement traversé les jours de l'épreuve. Il paraissait avoir de tous une connaissance parfaite : c'est que chaque jour il les médite pour marcher sur leurs traces, et encore trouve-t-il qu'il fait trop peu.

Quand je le quittai, il me dit encore cette consolante parole : « Allez en paix, mon ami, le bon Dieu vous écoutera. » Et à cette parole, mon cœur s'élargissait et la paix y entrait avec l'espérance.

O délicieux instant de bonheur où Dieu commençait de se révéler et de se faire sentir à mon cœur, pourrai-je vous oublier jamais ?

LA PETITE PROVIDENCE.

Un autre jour j'allais à la Providence élevée par les soins du vénérable pasteur, asile béni où il a recueilli, loin du souffle contagieux du monde et de l'indigence, une cinquantaine de petites enfants pauvres.

Or, c'est là qu'il vient tous les jours faire le catéchisme (1).

Dès qu'il parut, ces enfants se levèrent avec l'empressement et la vivacité de leur âge, et

(1) Il le fait maintenant à l'église à cause de l'affluence des pèlerins.

toutes ces petites figures d'anges devinrent rayonnantes de plaisir. Elles attendent ce moment avec bonheur ; c'est le beau moment de leur journée qui s'écoule d'ailleurs avec tant de calme et de sérénité !

Et sur les lèvres du vénérable prêtre s'épanouissait un léger sourire.

Il se plaça sur une petite estrade, les jeunes orphelines reprirent leurs paisibles travaux d'aiguilles, recueillies, attentives à la touchante instruction de cet autre Vincent de Paule.

Dans sa personne je me représentais le Sauveur Jésus se plaisant à bénir, à caresser ces innocentes petites créatures, recommandant de bien se donner garde de mépriser aucun de ces petits, prononçant malheur à celui qui leur serait une occasion de péché, déclarant que dans le ciel leurs anges voient sans cesse la face de son père, les aimant d'une prédilection divine, et disant à ses apôtres fatigués de leur bruyante mobilité :

« Laissez venir à moi ces petits enfants, et « n'ayez pas l'idée de les éloigner, car le « royaume des cieux est pour ceux qui leur « ressemblent. »

Le vénérable pasteur sortit, emportant sans doute dans son cœur une douce émotion de cette scène, dont le souvenir a pour moi toujours quelque chose d'attendrissant et d'auguste.

J'appris alors que de zélées coopératrices de cette œuvre céleste se sont consacrées à ces enfants qu'elles ne quittent jamais.

Vêtues d'une étoffe grossière pour leur apprendre à aimer, à estimer la pauvreté, portant sur leurs traits amaigris l'empreinte de la mortification et un reflet de la paix intérieure du cœur, elles leur prodiguent toute la délicatesse des soins maternels. Ce n'est même que sous le nom de mère qu'elles sont connues de ces pauvres enfants qui ne peuvent plus le donner à personne autre sur la terre; nom vénérable dans lequel est venu se perdre celui de ces saintes filles, et qui indique moins l'autorité que leur tendresse et leur sollicitude pour la petite famille adoptive.

Journée du curé d'Ars.

La journée du bon curé commence lorsque dans le monde tout est encore silence et repos.

A une ou deux heures du matin il se rend à l'Eglise, à la porte de laquelle une foule de Pèlerins, de tout âge et de tout sexe, l'attend déjà.

Après s'être recueilli un instant au pied des autels ; il entre au confessionnal et y demeure jusqu'à cinq heures en été ; en hiver, jusqu'à six où il célèbre les divins mystères.

Après la messe, il reçoit à la sacristie les pèlerins qui ont à lui parler, bénit les petits enfants qu'on lui présente, les chapelets, les médailles, les images de consécration où il appose son nom. Il revient ensuite au confessionnal jusqu'à onze heures; c'est le moment du catéchisme. Après l'*Angelus* il va à la providence prendre son repas, du lait, du pain et de l'eau; après le repas il visite des malades et des pauvres, et retourne à l'église pour son bréviaire et les confessions.

A la nuit tombante, la cloche annonce les derniers exercices toujours suivis de la récitation du chapelet.

Enfin, après ces longs travaux du jour, l'homme de Dieu regagne sa demeure pour se livrer aux études de la science divine, prier encore, veiller et prendre un court repos sur une couche austère.

Il est facile d'indiquer ainsi le partage de la journée du pasteur; cela est bientôt dit. Mais qui racontera les brûlantes aspirations de cette âme, ses secrètes et intimes communications avec le ciel, ces larmes que l'on surprend souvent sur ce visage pâle et rayonnant, et surtout, surtout ces mystérieuses relations du tribunal où l'homme se relève consolé, réhabilité avec lui-même, inondé d'une paix ineffable.

Dans les premiers jours que nous étions à Ars, il nous souvient avoir entendu un jeune homme nous dire au sortir du confessionnal : « Oh! monsieur, je fais une confes-
« sion générale, et il me prend envie d'aller
« criant partout : Venez vous confesser ; je
« surabonde de joie, mon Dieu! Si mes amis
« savaient le bonheur qu'il y a de se con-
« fesser, ils se confesseraient tous. »

Ce don de toucher et de convertir les âmes, Dieu sait lui seul par quelles saintes rigueurs sur eux-mêmes les saints le lui ont demandé. Les larmes ne leur suffisaient pas, ils ont souvent mêlé leur sang à leurs prières pour satisfaire ainsi autant qu'ils le pouvaient, et à l'exemple de Jésus-Christ, leur soif d'immolation pour le salut de leurs frères.

L'éloquent et pieux auteur de la vie de St-Dominique, le révérend Père Lacordaire, nous apprend la part qu'ils faisaient dans leurs cœurs de ce sang. Ils en faisaient trois parts : la première était pour leurs péchés, la seconde, pour les péchés des vivants, la troisième, pour les péchés des morts.

Un jour viendra où, en présence du ciel et de la terre, les anges de Dieu apporteront sur l'autel du jugement deux coupes remplies : une main irrécusable les pèsera toutes deux, et il sera reconnu, à la gloire éternelle des Saints, que chaque goutte de ce sang donné par la charité en a sauvé des flots.

NOTICE

SUR

LA VIE

DE

J.-M.-B. VIANAY,

Curé d'Ars.

2*

SA NAISSANCE.

M. Vianay est né en 1786, à Dardilly, gracieux village près de Lyon. Ses parents cultivaient modestement l'héritage de leurs aïeux, dans un état voisin de la richesse; de mœurs simples et hospitalières, ils retraçaient plus d'un souvenir de la vie patriarcale, et, au fort des orages de la Terreur, leur maison fut toujours noblement ouverte au malheur (1).

(1) Le vénérable Benoît-Joseph Labre, se rendant à Rome, y reçut l'hospitalité. C'est un des souvenirs que cette famille respectable conserve religieusement.

Ils eurent trois enfants ; le dernier fut le bon curé dont nous allons essayer d'esquisser la vie. Sa mère l'avait demandé à Dieu, désirant qu'il plût à sa divine Providence de l'appeler plus spécialement à son service. Ces pieux désirs furent exaucés ; l'enfant vint au monde et reçut au baptême les noms de Jean-Marie-Baptiste, noms magnifiques qu'il a noblement portés, car ils rappellent les vertus spéciales du vénérable curé d'Ars, son zèle ardent pour le salut des âmes, l'austérité de sa mortification, sa tendre et fidèle prédilection pour la très-sainte Vierge.

SA PREMIÈRE ÉDUCATION.

Madame Vianay savait qu'une mère véritablement chrétienne fait de l'éducation de ses enfants le premier de ses devoirs, dans ce tout premier âge surtout où ils reçoivent si aisément les impressions étrangères ; aussi mit-elle tous ses soins à n'en laisser pénétrer que d'excellentes dans le cœur de son petit Jean-Marie qui les recevait avec bonheur. Elle aidait ses petites mains à former sur lui l'auguste signe du chrétien, et à peine ses lèvres commençaient à bégayer quelques mots, que déjà il savait prononcer les très-doux et très-saints noms de Jésus et de Marie.

L'enfant profita si bien de ses leçons que le goût de la piété se montra chez lui bien longtemps avant l'âge où se développe ordinairement la raison dans les autres enfants. Tout petit, il aimait à prier.

Déjà aussi l'on remarquait dans lui une tendre commisération pour les pauvres. Sa vertueuse mère avait coutume de faire passer par ses mains l'aumône destinée à l'indigence, et l'enfant courait la porter avec une joie cordiale, empressée.

Arrivé à l'âge où l'on commence, à la campagne, à mettre à profit l'intelligence et les forces de l'enfant, on l'envoyait l'été conduire les troupeaux aux pâturages. Durant l'hiver, il suivait, au village, les leçons de l'école où il édifiait par sa conduite et son application.

SA PIÉTÉ.

On a conservé quelques traits qui révèlent sa piété naissante et une tendre dévotion pour Marie.

Au milieu des champs, il avait coutume d'inviter les autres bergers à se réunir et à faire ensemble quelques prières à la très-sainte Vierge. Il avait toujours avec lui l'image de cette Reine du ciel, auguste protectrice des chrétiens; et, étant venu à bout de lui construire une petite chapelle dans le creux d'un arbre, il plaçait l'image bénie dans ce reposoir champêtre couronné de feuillages et de fleurs, et, docile à sa voix, la petite troupe venait là tout autour s'agenouiller et prier.

Un peu plus tard, quand il travaillait à la vigne avec son père, il plaçait, sur un cep élevé et à quelque distance devant lui, l'image vénérée de Marie et, pour se donner courage, il lui offrait avec amour ses fatigues et ses peines.

Il était si heureux d'aller à la messe que, tous les soirs, il priait un domestique de son père de le réveiller à temps, et plus d'une fois, afin de lui laisser un souvenir sensible de ses pressantes recommandations, il le força d'accepter quelques pièces de monnaie, récompense de son travail, fruit de ses laborieuses économies.

Ainsi se manifestait, dans cette première enfance, son goût pour la piété, et son temps se partageait déjà entre la prière et le travail.

L'ÉPOQUE DE SA PREMIÈRE COMMUNION.

Le temps de la première communion vint enfin pour le jeune Vianay ; il y était préparé d'avance par une vie si pure et si angélique!

Ce premier acte de la vie était plus que jamais alors, pour les chrétiens, un acte doux et mémorable : ils avaient vu leurs autels profanés, leurs églises abattues ou fermées, leurs prêtres meurtris et dispersés, mais il n'y avait pas eu émigration de la foi, elle était demeurée dans la patrie aux jours des revers, comme aux jours des prospérités, et cette terre de Clovis et de saint Rémi commençait de relever ses tiges, un moment abaissées par la tempête.

Jean-Marie-Baptiste s'assit donc pour la première fois à la Table sainte, en portant dans son cœur plusieurs joies ensemble : la joie de la jeunesse, la joie du christianisme renaissant, la joie des anges qui étaient descendus pour le visiter.

L'onction de ce jour demeura dans son âme comme une blessure qui ne se fermera plus.

Attentif à ne rien perdre du temps, il préférait aux courses sans but, aux tumultueuses et frivoles distractions de son âge, la lecture des livres de piété, la méditation des annales des Saints, le repos sacré des tabernacles.

Ainsi continuaient de s'écouler ses jours entre le travail et la prière.

Il songe à sa vocation.

En 1804, le jeune Vianay touchait à sa dix-neuvième année sans que Dieu eût encore manifesté ce qu'il souhaitait de lui. Pour l'homme du monde, la vie n'est qu'un espace à franchir le plus lentement possible et par le chemin le plus doux ; mais le chrétien ne la considère point ainsi ; il sait que tout homme est vicaire de Jésus-Christ pour travailler selon sa vocation au bien de ses frères, que, dans la grande œuvre de la Rédemption, chacun a une place éternellement marquée ; il sait que s'il déserte volontairement cette place que la Providence lui offrait, elle sera transportée à un meilleur que lui, et lui abandonné à sa propre direction, dans la voie large et courte de l'égoïsme.

Ces pensées occupent le chrétien à qui sa vocation n'est pas encore révélée, et convaincu que le plus sûr moyen de la connaître est de désirer de l'accomplir quelle qu'elle soit, il se tient prêt pour tout ce que Dieu voudra.

Ces pensées graves occupaient aussi le jeune Vianay. Le sacerdoce lui apparaissait comme le poste du plus généreux dévouement où il pourrait, travaillant à son salut personnel, travailler aussi à la rédemption spirituelle d'un plus grand nombre d'hommes, et dans ses prières et dans ses communions, il ne cessait de demander au Seigneur qu'il ne permît pas qu'il mît obstacle à cette sublime inspiration, si toutefois elle venait de lui.

Dieu écouta cette prière, il lui avait ménagé deux médiateurs qui devaient lui manifester cette vocation : le premier fut le respectable curé de Dardilly qui, pressentant ce qu'il serait un jour, voulut lui donner lui-même les premières leçons de latin. Le second médiateur, fut le vénérable curé d'Ecully, qu'il faut faire connaître, parce que leurs existences marcheront longtemps parallèles, et que les exemples du vétéran du sacerdoce vont ouvrir et préparer la future carrière du lévite.

IL VIENT SE FIXER AUPRÈS DU CURÉ D'ÉCULLY.

En ce temps-là remplissait le ministère pastoral, à Ecully, paroisse voisine de celle où résidait M. Vianay, un saint prêtre, M. Balley, ancien religieux de l'ordre de saint Bruno que la tourmente révolutionnaire avait chassé du cloître. Les anciennes familles d'Ecully gardent sa mémoire et ne prononcent son nom qu'avec un profond sentiment de vénération. Ce fut à ce vénérable prêtre, qu'il avait pu observer souvent dans les fonctions de son ministère, que le jeune Vianay désira confier le soin de sa direction ; et tout d'abord ces deux âmes qui devaient offrir au ciel et à la terre de si admirables harmonies, s'éprirent l'une pour l'autre d'une estime réciproque, d'une tendre et mutuelle charité.

Sous la conduite du saint prêtre, le jeune Vianay fit en peu de temps des progrès rapides dans la piété, dans l'esprit de mortification intérieure, dans l'abnégation et le renoncement à soi-même, et dans toutes les voies de la vie spirituelle.

Il est envoyé au petit séminaire de Verrières.

Cependant des raisons particulières de famille, et peut-être la crainte de voir s'altérer la santé de leur fils, déterminèrent les parents du jeune Vianay à l'envoyer au petit séminaire de Verrières. Cette séparation fut douloureuse au disciple et au maître, mais acceptée avec résignation.

Constamment unis à Dieu, se confiant sans réserve à sa Providence, les saints ont coutume de voir dans les circonstances même les plus opposées en apparence aux projets de leur zèle, la volonté toujours adorable de celui qui sait faire servir à sa gloire et à l'accomplissement de son œuvre, les choses qui, à la faible portée de notre pauvre vue humaine, s'emblent s'en éloigner davantage. Ils se séparèrent; mais, dans le dernier adieu, le vénérable vieillard, pressant son fils sur son cœur, lui dit ces paroles remarquables :

Allez, mon enfant, où Dieu vous appelle, et puissiez-vous un jour revenir près de moi; c'est vous qui me fermerez les yeux.

Cette parole prophétique s'accomplira, mais auparavant que de vicissitudes! et combien de difficultés et d'obstacles à surmonter!

SÉJOUR DE M. VIANAY.

Au petit séminaire de Verrières.

A peine le jeune Vianay fut-il entré au séminaire de Verrières que sa régularité exemplaire le fit remarquer par ses supérieurs qui le proposaient à l'imitation des autres élèves comme un modèle parfait.

Il avait coutume de passer au pied des autels tout le temps que l'obéissance lui permettait de disposer; et c'est là sans doute qu'il puisa cette bonté qui ne se démentit jamais, cette charité douce, insinuante, qui lui gagnait les cœurs de ses jeunes camarades, et dont il se servait pour les porter à Dieu, cette humilité profonde qui lui faisait rechercher avec empressement ce qu'il y avait de moins bien, de plus obscur, et toutes les occasions de se faire oublier ; un amour de la mortification qui l'éloignait de tout ce qui pouvait avoir trait à une ombre de délicatesse. Dans les repas il faisait toujours en sorte d'être servi le dernier, et se contentait de ce qu'il y avait de moins bon.

Cependant une vertu si douce et si accomplie devait soulever contre lui des persécutions que son inaltérable patience fit tourner à la gloire de Dieu et au bien spirituel de ses injustes persécuteurs. Un jeune homme à qui une conduite si édifiante paraissait un reproche amer et continuel, conçut contre lui l'antipathie haineuse que le désordre porte à la vertu qui le condamne; il se faisait un jeu, un plaisir malin de le poursuivre de ses railleries, de ses insultes; il en vint même plusieurs fois jusqu'à le frapper, et jamais ses mauvais traitements ne purent venir à bout de lui arracher la plus légère plainte. Cette patience admirable et vraiment héroïque devait à la fin mettre un terme à ces méchancetés ; un jour, irrité du calme et de la tranquillité avec lesquels Vianay recevait ses insultes, il en vint jusqu'à se jeter sur lui brutalement et à le couvrir de meurtrissures, mais à cette dernière explosion de sa haine succéda comme un éclair, la sensibilité, l'émotion, le répentir, il se prit à fondre en larmes et lui demanda pardon, le conjurant par grâce de le mettre au nombre de ses amis. Vianay lui tendit la main avec un sourire de bienveillance, et celui qui avait été cruel devint un agneau de douceur et de mansuétude, et sa vie d'homme dans la société a été pleine d'honneur et des vertus qui font le chrétien.

Dieu, par ces contradictions passagères, semblait vouloir préparer le jeune Vianay à de bien plus rudes épreuves, et cette vie qui aurait dû s'écouler si calme et si sereine, devait voir se lever encore bien des jours mauvais et orageux.

Il est arraché à ses études.

Tout-à-coup un effroyable cri de guerre retentit par toute la France. Le jeune séminariste achevait à peine ses études lorsque parut un édit de l'empereur, enjoignant à tous les jeunes gens en âge de porter les armes de se rendre dans les corps qui leur étaient assignés. Cette nouvelle l'affligea profondément ; elle renversait toutes les pensées qu'il avait nourries jusque-là dans son cœur. Il se résigna ; sans toutefois renoncer au projet de reprendre, dès qu'il serait libre, des études si brusquement interrompues.

Avec la connaissance que nous avons du caractère, des mœurs pures et simples du jeune lévite, il est facile de comprendre qu'il dût se trouver mal à l'aise au milieu de la licence des camps, des conversations du bivouac et sur les champs du carnage. Aussi, arrivé sous les murs de Bayonne, pendant qu'on se préparait à en faire le siège, ayant trouvé une occasion favorable, il fit ce que faisait alors une multitude de jeunes gens dont l'humeur n'était point aux belliqueuses aventures.

SA RETRAITE DANS LES MONTAGNES DU FOREZ.

Après de longs chemins, après bien des fatigues, des peines et mille périls, le jeune Vianay finit enfin par pénétrer jusque dans les tranquilles montagnes du Forez, où il fut accueilli par un riche fermier qui lui donna le nom de Jérôme, et l'employa à couper du bois dans des lieux écartés pour le soustraire aux indiscrétions de la curiosité et à la sévérité des perquisitions.

Le généreux fermier ne tarda pas à se réjouir du bon accueil fait à l'étranger qui, en retour de sa bienveillante hospitalité, se chargea de diriger lui-même l'instruction de ses jeunes enfants.

Sous l'influence et par les soins du nouvel instituteur, la paix et le bonheur régnèrent plus que jamais dans la maison solitaire. Il y avait établi des exercices de piété; les prières du matin et du soir se faisaient en famille. Il était vénéré comme l'ange tutélaire et protecteur de la maison, et le maître le regardait comme son fils. Les enfants le chérissaient comme un frère; les domestiques savaient qu'ils avaient en lui un ami fidèle et dévoué.

Quand pour tous finissaient les travaux du jour, le studieux séminariste se réservait de nouvelles occupations dans les instants que les autres donnaient au sommeil, et jamais le bon fermier ne put l'empêcher de consacrer à l'étude une bonne partie des nuits.

Il revient à la maison paternelle.

Cependant, il eût été imprudent à l'exilé de confier à une lettre le secret de sa retraite, et l'occasion manquait pour en informer furtivement sa famille.

On était donc à Dardilly dans une consternation profonde, lorsqu'enfin y parvint la bonne nouvelle.

Sa mère, dans le transport de sa joie, voulut aller elle-même le chercher, et quand elle le vit, son cœur se brisa, et dans l'excès de son bonheur, elle répandit bien des larmes en présence de son fils.

Et lui, comme pour la préparer au nouvel éloignement que pourrait exiger plus tard les circonstances de sa future vocation, se contenta de lui dire : « Ma mère, recevons des mains de la Providence et avec « une égale tranquillité les revers et les con« solations. Bénissons Dieu et remercions-le « de nous avoir réunis. Que toujours sa vo« lonté soit faite. »

En passant par Lyon, il apprit que tous ses compagnons d'armes avaient péri sous les murs de Bayonne, et dans sa reconnaissance il comprit que sa vie plus que jamais devait appartenir à Dieu, et que s'il avait conservé si providentiellement ses jours, il devait les lui consacrer dans les travaux et le long martyre d'un héroïque apostolat.

RETOUR A ECULLY.

M. Vianay resta peu de temps auprès du foyer de la famille ; il lui tardait de revenir au vénérable curé d'Ecully, et lorsque le bon vieillard le retrouva, après cette longue absence : « Dieu soit loué ! dit-il, Dieu soit « loué ! Il lui a donc plû d'exaucer mes « vœux ! » Et tous deux s'en allèrent ensemble confondre et consacrer leur émotion et leur reconnaissance au pied des autels.

M. Vianay demeura trois ans à Ecully pour faire son cours de philosophie et étudier la théologie ; après quoi, M. Balley vint le présenter au grand séminaire pour être admis dans la milice sainte; il fut rejeté...

Son excessive timidité lui empêcha-t-elle de répondre aux examens qui précèdent l'admission aux saints ordres?... Sans chercher les motifs de ce refus, disons seulement qu'il entrait dans les secrets desseins de Dieu de soumettre cette âme d'élite à de nouvelles épreuves.

IL EST ORDONNÉ A GRENOBLE.

Le jeune aspirant eut alors recours à son expédient ordinaire. Il s'adressa à Dieu, témoin des désirs de son cœur et de la droiture de ses intentions. Il mit dans ses intérêts la sainte Vierge qu'il avait choisie dès son enfance pour directrice et conseillère ; il pria beaucoup, et l'inspiration lui vint d'aller se présenter à Grenoble; il entreprit le voyage ; on le reçut dans la maison sainte, et quand on vit son angélique piété et ses vertus sacerdotales, on s'empressa de lui conférer les saints ordres ; on fit plus, on cherche à le retenir dans ce diocèse, en offrant à son zèle de nobles et brillantes séductions; ce fut en vain. Son unique désir était de revenir à Ecully. Il voulait faire, si je puis parler ainsi, ses premières armes sous les regards de l'expérience et sous la direction de la sainteté.

Le bon vieillard vint à l'archevêché et obtint de le garder pour son vicaire, et ce jour-là il y eut grande joie au presbytère d'Ecully, et parce que cette joie était toute pour Dieu, toute apostolique, grande aussi fut la joie des anges dans le ciel.

SON VICARIAT.

A vingt-cinq ans, une âme généreuse ne demande au ciel et à la terre qu'une grande cause à servir par un grand dévouement ; et si cela est vrai d'une âme naturellement bien douée, combien plus de celle que le christianisme a formé et dans laquelle a coulé toute la plénitude de la grâce sacerdotale.

Je me représente donc sans peine les entretiens du vénérable curé avec son jeune vicaire. Il lui apprit l'état de la lutte du bien et du mal dans le monde, le besoin d'im-

4

moler corps et âme au salut de ses frères, à l'exemple et à la suite de Jésus-Christ, seul sauveur, source unique de toute vérité, de tout bien, de toute grâce, de toute paix, de tout dévouement, et dont les ennemis, quelque nom qu'ils prennent, sont les éternels ennemis du genre humain. Il lui apprit combien le divin sacerdoce est grand devant Dieu et devant les peuples, quand ceux qui en sont ornés et chargés en pratiquent les vertus.

Alors parurent dans le jeune vicaire les vertus d'humilité, de patience, de pauvreté, qu'ils portèrent tous deux jusqu'à l'héroïsme.

Il passait à l'église une grande partie du jour et de la nuit. Sa méditation était continuelle, toujours armé de la prière, cet acte puissant qui met les forces du ciel à la disposition de l'homme. Sa charité embrassait dans une immense commisération les pauvres, les malades, les pécheurs; touché de leur misère, sensible à leur danger, empressé pour les guérir et les consoler, il portait dans son cœur tous leurs maux.

Dieu, dès son enfance, lui avait donné la grâce de l'assujétissement du corps à une vie dure. Il poussait déjà si loin les pieuses rigueurs de la mortification que plus d'une fois le vénérable curé se crut obligé d'avertir et de laisser entrevoir l'intervention sévère de son autorité ; mais le jeune vicaire avait trouvé le secret d'échapper aux instances de sa paternelle sollicitude, il lui faisait humblement et respectueusement retour de conseils qui convenaient en effet mieux encore à son âge avancé et à un corps usé par les veilles et les travaux.

C'est ainsi que ces deux âmes allaient à Dieu par les mêmes chemins, comme deux parfums précieux montent à l'aise au même point du ciel.

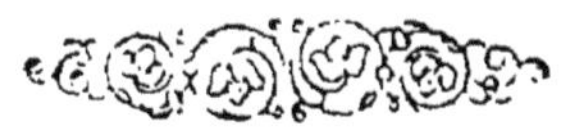

MORT DE M. BALLEY.

Malgré l'ardeur de son zèle, M. le curé sentait depuis quelques années redoubler les atteintes du mal qui devait bientôt le ravir à sa bien-aimée paroisse.

Tout-à-coup la maladie se déclara terrible, effrayante, et il ne fut plus possible de se dissimuler la ruine prochaine de ce corps usé pour Dieu.

A compter de ce moment, M. Vianay, qui avait toujours prodigué au bon curé les soins les plus tendres, les plus empressés, ne le quitta plus.

M. Balley, pressentant que l'heure approchait de son passage à l'éternité, demanda le saint viatique et voulut le recevoir des mains de son jeune ami.

Tous les assistants fondaient en larmes, mais lorsque, se soulevant sur son lit de mort, le saint vieillard, d'une voix presque éteinte, demanda à son vicaire et à ses chers paroissiens pardon des scandales qu'il aurait pu leur donner dans l'exercice de son ministère pastoral, et que le vicaire, en son nom et au nom des paroissiens, demanda à son tour pardon pour les peines et les fatigues qu'ils lui avaient donnés, les sanglots se firent entendre; ce fut un spectacle qui brisait le cœur et qu'il est impossible de décrire.

Dans la nuit qui suivit, M. le curé exigea que M. Vianay allât prendre un peu de repos, lui promettant qu'il le reverrait encore.

Le lendemain les habitants désolés s'étaient rendus en foule à l'église, où M.

Vianay célébra la sainte messe pour le bon curé.

Quand il fut de retour auprès du lit de douleur, le malade lui tendit la main et tira de sa poitrine affaissée ces paroles qui furent les dernières :

« Mon bien cher ami, je vous remercie ;
« courage, continuez à aimer, à servir le
« bon maître, il ne vous abandonnera pas.
« Je me recommande à vos prières ; pensez
« à moi au saint sacrifice de nos autels. Oh!
« aimez toujours bien le divin sauveur Jésus.
« Adieu..... Nous nous reverrons là-haut.....
« Adieu.

Cet effort l'avait accablé; il parut d'abord s'assoupir doucement; puis se ranimant, il fixa ses yeux presque éteints sur son crucifix, et quelque temps après il s'endormit d'un sommeil tranquille, il se réveilla dans le ciel.

M. VIANAY EST NOMMÉ A LA CURE D'ARS.

M. Vianay ne resta que quelques mois à Ecully, après la mort de M. Balley. Le jeune curé d'Ars mourut et il fut appelé à lui succéder.

Cette nouvelle se répandit rapidement dans la paroisse d'Ecully, et la désolation y fut grande et générale, les députations se succédaient pour le conjurer avec larmes de ne point les quitter. Le saint prêtre s'attendrissait à leurs sollicitations pressantes, mais certain que la volonté de Dieu lui était manifestée par la volonté expresse de ses supérieurs, il arrangea silencieusement son départ, et quitta Ecully pendant la nuit pour se rendre au poste où Dieu l'attendait.

M. Vianay à Ars, dans l'exercice de son ministère.

Victime, comme tant d'autres, des ravages révolutionnaires, le village d'Ars n'était point encore relevé de ses ruines, lorsque M. Vianay y vint.

L'église était une petite et pauvre chapelle toute délabrée extérieurement et, à l'intérieur, plus misérable encore. A l'autel, des chandeliers de bois ; à la sacristie, à peine les quelques ornements nécessaires à la célébration des saints mystères. Les offices ne se chantaient jamais solennellement ; l'instruction manquait, et les vérités les plus essentielles de la religion étaient ignorées ou méconnues. Il fallait une rénovation totale.

Le nouveau pasteur mesura l'étendue des difficultés et du travail, et loin de se décourager, comptant sur Dieu, il se mit à l'œuvre.

Il s'appliqua d'abord à bien connaître ses ouailles, il leur annonça fréquemment la parole sainte; et, dans ses exhortations, dans ses catéchismes, cette parole divine conservait, en passant sur ses lèvres, tant de puissance et d'onction, qu'elle manquait rarement d'aller à l'âme des auditeurs. Aux prédications, il joignait la prière, surtout il offrait à Dieu, pour ses chers paroissiens, la grande victime de la rédemption du monde; et la divine semence croissait et devenait féconde, et les confessions se multipliaient, et la table sainte était fréquentée, et bientôt cette terre, naguère désolée et en friche, exhala le parfum des plus belles vertus.

Apôtre infatigable, il se faisait tout à tous, comme saint Paul, pour les gagner tous à Jésus-Christ. Toujours actif au milieu de son troupeau, il visitait les malades, portant des consolations aux affligés et des secours aux pauvres, ses amis de prédilection.

A son évangélique persuasion, de vieilles inimitiés s'éteignirent; partout reparurent la paix et la concorde. Zélé contre les pervers, encourageant les bons, fortifiant les faibles, il vint à bout, par sa fermeté, mais plus encore par sa douceur, de faire disparaître ces tumultueuses et annuelles dissipations contraires à l'esprit du christianisme, où la vertu trouve plus d'un écueil; et dans la paroisse modèle, on ne rencontre même pas de maisons ouvertes au jeu, aux festins, aux boissons enivrantes, maisons redoutées des pères et des mères chrétiennes et où le moindre danger est une immense perte de temps, quand elles ne sont pas une école de sensualité et trop souvent l'occasion de libres et licencieuses conversations.

Après avoir ainsi travaillé à relever, à embellir les âmes, augustes et vivants sanctuaires de Jésus-Christ, il s'occupa de relever le temple matériel où il daigne résider et recevoir l'hommage et les adorations des hommes.

Dieu tient les cœurs à la disposition de la prière et du zèle de ses serviteurs ; le bon curé, pauvre lui-même, puisqu'il ne se réservait rien et jetait tout dans le sein de l'indigent, fit un appel à la piété des riches, et l'église dont nous avons parlé s'éleva, et de magnifiques ornements vinrent compléter et embellir la pompe des cérémonies saintes. Et, à la vue de ces splendeurs, les habitants de cette paroisse heureuse se plaisent, dans leur reconnaissance, à mêler ensemble les noms vénérés de M. le marquis d'Ars, de M. le comte des Garets et celui de leur bon et et bien-aimé curé.

ENCORE QUELQUES SOUVENIRS.

Quelles que soient les précautions que prennent les saints pour n'agir que sous le regard de Dieu seul et cacher toutes leurs actions sous la garde de l'humilité, vivant au milieu des sociétés, dans leurs divers rapports avec le monde, il est impossible qu'ils ne laissent échapper, de temps en temps, quelques révélations incomplètes et qui suffisent cependant pour faire apprécier le riche trésor des vertus renfermées dans leur cœur.

Or, voici quelques traits épars conservés

dans les pieux souvenirs des habitants du village d'Ars.

Son amour pour la pauvreté.

Quand, à la sueur de ses prédications et au prix de nombreux sacrifices, le bon curé fut parvenu à rétablir, à faire aimer la religion dans cette paroisse longtemps abandonnée; touchés du dénûment total, de l'extrême pauvreté du saint prêtre; les paroissiens riches se réunirent pour aviser aux moyens de le mettre au moins à l'abri de l'indigence. Une quête se fit : l'on recueillit en abondance du bois, du vin et du blé; et voici l'accueil de l'humble curé : « Mes bons amis, « oh! vous êtes trop bons pour moi, je ne « mérite pas cet excès de soins. Ecoutez: « vous connaissez mieux que moi les pauvres « de ce pays, distribuez-leur, je vous prie, « ces provisions dont je puis me passer, et

« soyez assurés que Dieu vous récompensera « de ces aumônes. »

Plus tard, il a fini par condescendre à de puissantes sollicitations ; il a fini par accepter, avec un sentiment de confusion, les pauvres meubles qu'il a maintenant ; mais il a souvent exprimé son désir de pouvoir vivre d'aumônes, comme les pauvres que Jésus aimait.

SON OUBLI DE SOI-MÊME.

Un jour d'un hiver très-rigoureux, le froid l'avait tellement saisi, qu'au sortir de l'église, ses pieds ne pouvaient le soutenir, il se sentait défaillir ; il n'eut que le temps d'entrer chez un de ses paroissiens où il se jeta sur une chaise et s'évanouit.

Les soins les plus empressés lui furent prodigués. Peu à peu l'on parvint à le réchauffer, à le ranimer, et quand il fut revenu de son évanouissement, la famille émue, attendrie jusqu'aux larmes, lui adressait de bienveillantes supplications, le conjurant de permettre au moins que tant que durerait ce froid excessif, on mît un chauffe-pieds dans son confessionnal. « Eh! ré-« pondit-il avec un sourire gracieux et re-« connaissant, puisque ceux qui viennent « se confesser se passent de feu, celui qui « confesse peut bien s'en passer aussi. »

SON AFFECTION POUR SES PAROISSIENS.

Son affection pour ses chers paroissiens est celle d'un tendre père. Bon pasteur, quand ils sont près de lui, sa charité les entoure de la plus vive sollicitude; elle ne les abandonne pas même quand ils sont éloignés.

Une jeune fille de sa paroisse était malade à l'hôpital de Lyon ; il fit prier le père spirituel de lui donner des soins, et quand il apprit qu'elle était en danger de mort, voici ce qu'il écrivit au respectable frère Charavet, son cousin.

« Ayez bien soin, je vous prie, de faire « penser à celui qui donnera les derniers « secours de la religion à la petite Simon, « de ne pas oublier de lui donner l'indul- « gence plénière à l'article de la mort. C'est « une petite sainte. Je crois qu'elle priera le « bon Dieu pour vous. Je finis en vous sou- « haitant tout ce que le ciel renferme de « bien, c'est-à-dire Dieu lui-même. Cou- « rage mon bon cousin, nous le verrons ce « beau ciel ; bientôt toutes nos croix seront « finies. »

Sa douceur dans ses conseils.

En 1850, il écrivait au frère Charavet : nous copions la lettre que nous avons sous les yeux :

« Mon très-cher cousin,

« Je vous écris à la hâte pour vous dire

« de ne pas vous en aller, malgré toutes « les épreuves que le bon Dieu veut bien que « vous ayez. Prenez courage, mon bon ami, « le ciel est assez riche pour vous récom- « penser. Pensez bien que les maux dans « ce monde sont le partage des bons chré- « tiens.

« Vous êtes dans une espèce de martyre ; « mais quel bonheur pour nous d'être en « quelque sorte martyr de la charité. Que « c'est beau ! Martyr! Ne perdez pas cette « couronne que vous méritez. Heureux ceux « qui souffrent persécution pour l'amour « de moi, nous dit Jésus-Christ, notre mo- « dèle.

« Adieu, mon très-cher ami; persévérez « dans la route que vous avez si heureuse- « ment commencée.

« Et nous nous verrons dans le ciel. Puisse ce bonheur m'arriver, à vous aussi. »

Ces paroles simples n'ont pas besoin d'être commentées. Elles sont sublimes de foi, d'espérance et d'amour.

SON DÉSIR DE QUITTER LE MINISTÈRE PASTORAL.

Nous autres hommes du monde, nous admirons, nous louons, nous exaltons les vertus de ces grands serviteurs de Dieu, et eux se jugeant eux-mêmes, s'appréciant sévèrement au pied du redoutable sanctuaire, après s'être immolés avec amour aux plus héroïques dévouements, se considèrent comme des serviteurs inutiles qui n'ont fait après tout que ce qu'ils devaient faire.

« Le monde nous canonise pour une moitié de bien qu'il voit en nous, » disait un illustre évêque d'Amiens, M de la Mothe, et peut-être que Dieu nous condamnera pour l'autre moitié que nous aurons négligée.

De là à tous un vif désir de voir finir leur exil et de retourner à Dieu ou de pouvoir s'isoler dans les profondeurs de la retraite pour y méditer à loisir les années éternelles.

Et pourtant quand ils voyaient la volonté de Dieu dans l'obéissance qui leur imposait la responsabilité des âmes, quand ils savaient leur ministère utile au salut des âmes de leurs frères, toujours ils l'ont accepté avec courage, avec amour.

« Je désire, disait St-Paul, de voir crouler cette prison de mon corps, cette enveloppe terrestre, pour être avec Jésus-Christ. Mais à cause de vous, il est mieux que je reste encore. »

Le Thaumaturge français, le grand évêque de Tours, St-Martin, voyant déjà les cieux ouverts sur sa tête, s'écriait : « Seigneur, si je suis encore utile à mes frères, je ne refuse pas le travail. »

Et d'autre part, l'Eglise célèbre la fête d'un très-grand nombre de saints qui, portés par l'esprit de Dieu qui soufle où il veut, laissèrent le fardeau pastoral, comme saint Grégoire de Nazianze, pour se retirer dans la solitude.

Ainsi partait un jour le vénérable pasteur d'Ars allant demander au cloître des enfants de St-Bruno le silence, la prière et la méditation, lorsque, instruits à temps de ce projet, ses paroissiens se jetèrent sur son passage, le conjurant avec larmes de ne point les abandonner, de ne point les laisser orphelins, et de se souvenir de leur évêque qui ne consentirait jamais à le voir s'éloigner de son diocèse.

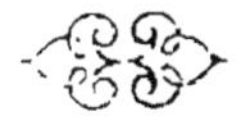

Promesse faite à Mgr l'évêque de Belley (1).

Nous avons su que dans la circonstance du projet de départ pour la Grande-Chartreuse, monseigneur l'évêque de Belley a

(1) Prélat vénérable, l'une des plus brillantes lumières de l'épiscopat, le père, le modèle et la gloire d'un clergé qui le chérit et le vénère chaque jour davantage, créateur d'un diocèse devenu, par ses soins, si riche d'établissements religieux, d'œuvres de zèle et de ressources inombrables pour la piété ; que Dieu bénisse longtemps encore les projets d'un zèle qui n'a rien perdu de sa jeunesse et de son infatigable activité.

obtenu de M. le curé d'Ars la promesse qu'il ne quittera jamais son diocèse.

L'occasion solennelle de remercier le saint évêque nous avait manqué jusqu'aujourd'hui. Qu'il nous soit permis de la saisir avec joie.

Si ces quelques lignes que nous nous serions fait un devoir de lui soumettre, si elles renfermaient autre chose que l'humble récit de quelques-unes des vertus d'un prêtre qu'il estime, passaient sous ses yeux, qu'il sache combien c'est une chose délicieuse au cœur des habitants du village d'Ars, d'être témoins de l'intimité bienveillante, cordiale, expansive, dont il honore dans ses visites pastorales leur bien-aimé curé.

UNE DERNIÈRE OBSERVATION.

Par un sentiment de respect pour l'autorité de l'Eglise à qui seule appartient de reconnaître et d'exposer solennellement aux fidèles les merveilles opérées par la puissance de la prière des saints, et par un sentiment de respect pour la profonde humilité du prêtre dont nous avons essayé de rappeler quelques traits, nous nous abstiendrons de révéler bien des choses.

Mais si nous faisions appel à la reconnaissance, nous aurions à reproduire ici des milliers de témoignages pour attester que celui qui disait à ses apôtres : « Demandez et vous « recevrez; » et ailleurs : » si vous aviez un grain « de foi, vous remueriez des montagnes, » a aussi bien souvent daigné consoler la prière et la foi du saint pasteur par des faits éclatants, manifestes, irrécusables, authentiques.

Nous avons dit les souvenirs que nous avions recueillis. L'histoire, un jour, les reproduira solennellement, et ils ajouteront une page attendrissante aux annales des saints.

En attendant, si ce petit essai pouvait ne point flétrir les nobles choses que nous voulions indiquer, nous serions heureux d'avoir, en vue de Dieu seul, selon la mesure de nos forces et du temps qui nous était compté, apporté à la mémoire de l'humble pasteur, notre tribut de reconnaissance et de profonde vénération.

FIN.

Ouvrages qui se trouvent à la même Librairie :

Histoire de la Vie, des Écrits et des Doctrines de saint Jérôme, moine, prêtre et docteur de l'Eglise au IVe siècle, par F.-Z. Collombet, avec portrait du saint, d'après le B. Fra Giovanni-Angélico-Da-Fiesole et Giotto ; 2 vol. in-8.

Jésus-Christ parlant au cœur du Prêtre, ou Considérations ecclésiastiques pour chaque jour du mois, ouvrage traduit de l'Italien par MM. Grégoire et F.-Z. Collombet ; grand in-32, 80 cent.

Jésus-Christ parlant au cœur de la Religieuse, méditations pour chaque jour du mois, par l'abbé F. Palomica ; grand in-32, 4e édition. — 80 cent.

Œuvres de M. Moitrier, curé de Favières :

Explication dogmatique et morale du Catéchisme, 3e édition, revue par l'auteur ; 3 vol. in-12. — 4 fr. 50 c.

Le Livre des Pères et des Mères de famille sur l'éducation morale et physique de leurs enfants ; 1 vol. in-18. — 50 cent.

Le Guide du premier communiant et du confirmant ; 1 vol. in-18. — 50 cent.

Traité sur la manière de préparer les enfants à la première communion, et d'assurer leur persévérance ; 1 vol. in-12. — 1 fr. 50 cent.

Discours pour le jour de la première communion ; in-12. — 50 cent.

L'Ecole du Prêtre, ou le Prêtre sanctifié dans la Retraite, traduit de l'allemand de Conrad Tanner, par l'abbé Bénard ; 2 vol. in-8. — 8 fr.

Le Guide de ceux qui annoncent la Dieu, contenant la doctrine de saint de-Sales, celle de la Société de J Benoît XIV, et les conseils de saint Vi Paule, sur la manière d'annoncer la Dieu, et sur l'importance des instructi lières et des catéchismes, par M. l'abbé dry, ancien directeur du séminaire d 2e édition, 1 fort vol. in-12. — 2 fr.

Catéchisme du cardinal Bellarmin, de pagnie de Jésus, ouvrage traduit de d'après l'exemplaire de Rome, par l' Blanc; 1 vol. in-12. — 1 fr. 25 cent.

Le Rosier mystique de la très-saint Marie, ou le très-saint Rosaire institué Dominique, et expliqué en quinze dizair tructions solides et morales, par un Reli l'ordre des Frères prêcheurs, avec la pour pratiquer avec fruit la dévotion de samedis ; 1 gros vol. in-12. — 1 fr. 80 c

Le Guide des Curés dans l'admin temporelle des Paroisses, par M. l'abbé vicaire-général de Nancy ; 3e édition co blement augmentée et ornée de plan tableaux sur l'Architecture ; 2 vol. in-8.

Sous presse pour paraître courant de

Le bon Curé au XIXe siècle, ou le considéré sous le rapport moral et soc M. Dieulin, auteur du *Guide des Curés* ; 2

Imp. Pommet (Augier, directeur), r. de l'Arche

86

www.ingramcontent.com/pod-product-compliance
Ingram Content Group UK Ltd.
Pitfield, Milton Keynes, MK11 3LW, UK
UKHW022125190726
13855UKWH00003B/1034

9 782013 072984